나무의 언어

경남시인선 242

나무의 언어
한우자 시집

펴낸날	2025년 7월 1일
지은이	한우자
펴낸이	오하룡
펴낸곳	도서출판 경남
주소	창원시 마산합포구 몽고정길 2-1
연락처	(055)245-8818, fax.(055)223-4343
블로그	gnbook.tistory.com
이메일	gnbook@empas.com
등록	제1985-100001호(1985. 5. 6.)
편집팀	오태민	심경애	구도희
ISBN	979-11-6746-185-8-03810

ⓒ한우자

＊잘못된 책은 바꿔 드립니다.
＊저자와 협의 인지 생략합니다.
＊이 책은 경상남도GYEONGNAM 경남문화예술진흥원의 문화예술지원을 보조받아 발간되었습니다.

〔값 12,000원〕

경남시인선 242

나무의 언어

한우자 시집

돌판 경남

시인의 말

어머니는 형제가 달랑 오빠 한 분이셨습니다.
제 나이가 일고여덟쯤 되던 어느 날
외삼촌이 오시자
어머니는 버선발로 뛰어나가
"오라버니, 기별도 없이 어쩐 일이세요?"
그때 반기시는 어머니 말씀 중 '기별'이란 말이
제 가슴에 쏙 들어와 잊히지 않았습니다.

학교에 갈 때면 빨리 가란 말 대신
"잰걸음으로 가라."
옷을 사주실 때도 원피스가 아닌 '내리닫이'
감기로 할머니가 기침이라도 하시면 '잔기침', '마른기침', '밭은기침' 등

각기 다른 표현으로 걱정해 주셨습니다.
가슴 뛰는 어머니의 모국어를 잊지 못해
시를 쓰는지도 모릅니다.

사는 동안
아름다운 우리말과 글을
사랑하고 싶습니다.

2025년 7월
한우자

추천의 글

시인의 시는 가슴으로 올리는 기도
햇살 잘 드는 툇마루와 다락을 좋아하던 문학소녀

이진숙(소설가)

2008년 등단한 한우자 시인이 이제야 시집을 묶는다. 너무 늦은 감은 있지만, 지금껏 시인과 함께 문학의 길을 걸어오면서 시인이 단 한시라도 시 쓰기에 소홀한 모습을 본 적이 없다. 온전히 시詩에 진심이었다.

시인을 떠올리면 단발머리에 다소곳하니, 선한 미소 짓는, 만년 소녀가 그려진다. 거기에 청아한 목소리가 더해지면 비로소 완성이다. 사람이 나이 들면 목소리도 따라 늙는다는데 시인을 처음 본 20여 년 전 그때나 지금이나 하나 변함이 없어 신기할 따름이다.

타고난 차분한 성격에 일찍이 글쓰기를 잘해서 자의 반 타의 반 문학소녀로 성장했다. 어렸을 적 장래 희망이 '시인'이었다니 기꺼이 꿈을 이룬 셈이다. 늘 '시를 써야지, 시를 써야지' 머릿속에 '문학'이라는 두 글자를 새기고 젊은 날 숙제처럼 가슴에 시를 품고 살아왔단다.

언젠가 시인이 쓴 어느 수필에서 '햇살 잘 드는 툇마루와 다락을 좋아한다'는 글귀를 보았다. 시인은 강화도에서 유년 시절을 보냈다. 고향 집 툇마루에 앉은 어린 시인의 눈에 들어온 풍경은 세상 가장 평화롭고 따스했다. 반질반질 잘 닦인 나뭇결 선명한 툇마루에서 바라보던 어머니와 할머니 몸짓과 자취가, 그곳에서 맡던 풀내음과 아카시아 향내, 그리고 청량한 초록 바람결이 지금의 시인을 만들었다.

유년의 다락은 다치고 아픈 맘을 잠시 누이고 쉬던 그런 곳이 아니었을까. 거기 웅크리고 앉아 책을 읽고, 가끔 창 열어 빗소리를 들으며 남다른 감성을 벼리었을 테지. 시인이라면 이런 동굴 같은 안식처 하나쯤 가슴에 품고 살지 않은가.

세상과 주변을 향한 시인의 시선은 봄날 볕살처럼 온화하다. 간혹 시인이 쓴 시를 읽다가 나도 모르게 이해인 수녀님이, 순한 강아지 눈망울이, 이름조차 가물가물한 여린 풀꽃이 오버랩되기도 한다. 시인이 나직이 시를 읊을 땐 그 맑디맑은 음성에 영혼이 씻기며 순해짐을 느낀다.

시인은 5년간 '아름다운 이야기 할머니'가 되어 아이들에게 이야기를 들려주었다. 아무나 할 수 없는 진심이 담긴 나눔이다.
'느지막이 내 인생의 한 부분을/ 알록달록하게 색칠해 준 꿈같은 날들'이라며 시인은 그 시간을 회상한다. 두 귀 쫑긋 세우고 초롱초롱한 눈망울로 이야기를 듣던 아이들로 하여 시인도 분명 행복했으리라.

시인의 삶이 봄날처럼 늘 평온하진 않았다.
누구도 대신할 수 없는 아픔 하나를 두 어깨에 멘 채 묵

묵히 걸어오는 중이다. 발달장애 스물아홉 아들이 시인에게는 삶의 중심이자 존재 이유이다. 틈나는 대로 시를 쓰고 독서를 하며 자신을 돌본다. 엄마가 건강해야 하루라도 자식을 더 돌볼 수 있기에, 숙원이자 과업처럼 오늘도 고군분투한다.

하여, 시인의 시는 가슴으로 올리는 기도이다. 주변의 평화, 나와 이웃의 행복을 바라는 시인의 바람이고 노래다. 그 진심이 널리 널리 퍼져 많은 이에게 가닿기를 두 손 모아 바라본다.

| 차례

시인의 말 • 4
추천의 글 • 6

제1부

가슴으로	16
가을 독백	17
가을 전람회	18
가을 마음	19
가을 산	20
가을 타는 여자	21
가을이 갈까 봐	22
가을 기도	23
거울 앞에서	24
고맙다	25
구노의 아베마리아를 들으며	26
국화 축제	27
꽃무릇	28
내가 좋아하는 계절	29
나무의 언어	30

세상의 모든 어머니를 위하여	32
아베마리아	33
어미 소	34
운문사 김장하는 날	36
김치찌개	37
시詩	38

제2부

아이에게	40
오월	41
아들을 위하여	42
아픔에 대하여	44
아버지께	46
무화과	48
아버지의 잔상	49
감자꽃	50
유년의 기억	51
아카시아꽃 향의 추억	52
의자	53

아름다운 이야기할머니	54
아름다운 이야기할머니 · 2	56
어떤 날	58
바다	59
8시 30분	60
버스 안에서	61
초겨울 아침	62
산다는 것	64
우포늪	65
왜가리의 고독	66

제3부

게발선인장을 보며	68
거리에서	70
더 뜨거운 포옹은 없을 거예요	71
등굣길	72
밥 냄새	73
배려	74
불일암	75

프란치스코 교황님	76
프란치스코 교황님·2	77
딸에게 쓰는 편지	78
지향	80
전화번호를 지우며	81
돌봄 교실에서	82
돌봄 교실에서·2	84
제행무상	86
종두득두	88
참 이유	90
추억	91
전세 사기	92
주남저수지	94

제4부

봄에 대한 예경	96
복수초	98
고향	99
고향·2	100

모과	101
봄날	102
산수유	103
산 벚꽃	104
매화	105
목련화 연가	106
민들레	107
꽃날	108
벚꽃 엔딩	109
자운영꽃	110
자운영꽃·2	111
자목련	112
꿈	113
꿈·2	114
꿈·3	115
겨울 편지	116

제 1 부

가슴으로

일기를 적듯
편지를 쓰듯
독백을 하듯

손으로도
머리로도 쓰지 않은
가슴의 말

세상도 가슴으로 살고
사람도 가슴으로 만나
가슴으로 함께하고 싶다

가을 독백

손님처럼 또 가을 왔습니다
들녘엔 햇살조차 노랗게 익었습니다
바람결 언뜻 구절초 향 스쳐 지나갑니다
까만 분꽃 씨 받은 지 엊그젠데
오늘은 코스모스 씨앗 종이에 쌉니다
쾌속정 지나듯 갈바람 가슴 뚫는데
계절 오가는 동안 소식 한번 못 전한 맘
때 이른 무서리 솔솔 합니다

신께서 초대하신 사유의 축제에
가을이란 철학서적 품에 안고
혹시 누가 삶의 의미 물으면
이해하고 배려한 만큼이라 말하겠습니다
숨죽여 풀꽃의 떨림을
귀 기울여 풀벌레 소리를
가을엔 혹시 나로 인해 아팠던 사람 누군지
가슴으로 위로하며 깊어지겠습니다

가을 전람회

바라만 봐도 푸근한 들길
쑥부쟁이와 소담한 배춧잎
보이는 건 모두 나직해요
객석엔 어느새 무서리 와 앉고
풀들은 엎드려 성찰해요
멀리 잎 내리며 고뇌하는 나무 보며
삶을 반추하는 엑스레이 사진 한 장
고개 숙여 잠깐이면 오롯해요
가벼운 흉통쯤은 괘념치 마요
가을에 아프지 않은 사람 어디 있나요
고독한 자화상 나부껴도 쓸쓸해 마요
가을에 외롭지 않은 사람 없을 거예요
가시는 길 바람 찰까 옷깃 세우고
풀벌레 앙상블 연주에 맞춰 경쾌하게
그래도 서러울까 바람결 낙엽으로 동행하니
모쪼록 고적 않게 걸음 가벼이

가을 마음

가을 편지처럼
누구라도 그대가 되는
열린 고상함으로
모든 이에게 사려 깊고
나와 타인의 어리석음에도
빙그레 웃길

손에 쥐기보다 나누기를
얻으려 하기보다 건네주기를
텅 빈 충만, 고요한 평화

가을 사랑은 그가 없어도
그의 좋은 점을 말하는
참 아름다운 사람들에게

가을 산

연갈색 털 스웨터거나
울긋불긋 꽃 새긴 밍크 담요
기대면 스르르 잠들 것 같아요
모든 이 온전하게 끌어안고도 침묵하심은
소란함 멀리하란 당부인가 봐요
가만히 있어도 들리는 무언의 말씀들
가슴팍이 한껏 깊어져요

어릴 적 뛰놀던 야트막한 언덕배기
이름 모를 어느 분의 무덤가에서
팔분음표처럼 경쾌한 아이들 발놀림
고무줄놀이 마치면 가랑잎 바스락거리고
톡톡 도토리 떨어지는 소리 그리워요
머잖아 겨울 오면 살 에는 칼바람
하얀 자작나무 울음 아프게 들려요

가을 타는 여자

들에서 가장 키 컸던 연蓮
갈옷 입은 채 처참히 꺾였다
잘 들리지 않는 들꽃의 고별사
고개 숙인 벼들의 겸손한 침묵

초록이던 들 진갈색으로 물드니
마음 채도 낮고 가을 붙어든다
쾌속으로 전신 관통했지만
햇살처럼 따스하게 만물 보듬으며
그가 누구든 여기까지 잘 왔다고

가을은 먼저 손 내밀고
어깨 감싸며 위로하기 좋은 계절
사람은 자연에게, 자연은 사람에게
사람이 사람에게, 서로가 서로에게
특히 상처받은 이 오래 안아주고 싶다

가을이 갈까 봐

벌레 먹은 낙엽 하나
발등에 떨어져
소스라치며
가을인가 봐

싸악싸악
낙엽 모으는
아주머니 비질 소리
벌써 깊은가 봐

부랴부랴
통통 튀는 피아노곡에
국화차 한 잔 들고 창가에서
가을이 갈까 봐

가을 기도

이 가을엔
잊었던 얼굴들을 기억하게 하소서
흐르는 세월 속에서 흔적도 없이
잊힌 이름들을 생각하게 하소서
조용히 눈 감고 그들 얼굴과 이름
그리고 추억을 한 가지씩만이라도
그리워하게 하소서

이 가을엔 깊어지게 하소서
언제부턴가 멀리해온 사색의 동산 그 벤치에서
고독하지 않곤 성숙할 수 없다는 스스로의 진리에
머리 기대고 진정 그 하나만을 추구하는 마음으로
가을 보내게 하소서

가을엔 사랑하게 하소서
설령 그것이 거짓일지라도
바보처럼 신뢰하고 마는 어리석음마저도
가을엔 사랑하게 하소서
다 사랑하게 하소서

거울 앞에서

어느 날
거울 앞에서
깜짝 놀라 바라본
어머니 얼굴
반가워 뚫어지게 바라보다가
서글피 고개 돌리며
가을엔
하늘도 덩그러니 쓸쓸한가 보다
어머니도 안부가 궁금하신가 보다
하늘도 땅도 다 그리운가 보다

고맙다

무릎이 아파
한동안 정형외과에 다니며
집에서 실내자전거를 탔다
계절이 두어 번 바뀌고 늘 걷던 들길에서
그동안 뵙지 못한 팔순의 이웃 어머님을 만났다

반갑게 손을 내미시며
"다리 아프다고 들었는데 괜찮아?"
"네, 좀 좋아져서 오랜만에 나왔습니다"

"고맙다"

길 위에 퍼지는 묵직한 한마디
깊이가 전해지는 말의 힘
관심, 진심이 함축된 삼 음절
나이를 먹는다는 건 어쩜
한 마디 말도 헛됨 없이
켜켜이 진실의 성을 쌓는 건 아닐지

구노의 아베마리아를 들으며

촉촉한 잎사귀에 동글동글 사랑이 맺혔습니다
영롱함을 눈에 담고 아베마리아를 듣습니다
지금 이 노래를 들을 때처럼 살자고
내가 삶의 주인임을 알면서도 마리아를 부릅니다
순수한 사랑이 비처럼 내립니다
안온함에 마음에도 졸졸 맑은 물이 흐릅니다

어느 분의 우크라이나 난민을 향한 기도문을 보며
요원할 것 같았던 인류애에 가슴이 벅차옵니다
우리 가슴에 사랑 있는 한, 전쟁도 끝나겠지요
우리 가슴에 사랑 있는 한, 녹지 않을 화 있을지요
우리 가슴에 이젠 그 위대한 사랑의 집을 지어요
가슴마다 숨 쉴 아늑한 사랑의 보금자리

아베마리아의 선율이 슬프도록 아름답습니다
빗방울을 보며 내가 아는 이들의 안녕을 빕니다
나를 아는 이들의 평안을 그립니다

국화 축제

사람들 의도대로
사람 손 탄 꽃들 보면
아름답기보다 안쓰러움이

무릇, 생명체는 그가 주인이거늘
어떤 모습이고 싶니 어떤 꽃이고 싶니
한 번 꽃에게 물었더라면

난무한 기교에 냉랭함 가득
동여맨 철삿줄에 심장도 묶여
숨죽여 난 왜 꽃을 위로하는지

다듬지 않은 순수와 정 피웠더라면
한 송이라도 흔들리며 피었더라면
한 송이라도 꽃 마음 피웠더라면

꽃무릇

빠알간 양산을 펴 들고
아직 햇살 따갑다지만
매끈한 몸에 어찌 손을 댈지
홀론 가녀려 보호본능이
군락에선 장엄하게 타는 꽃불
슬프도록 아름답고
보고 있어도 그리워

꽃무릇 피면 가을 사무치고
작은 생명들 먹이 송알송알
내게 가을은 꽃무릇 필 때부터
익은 열매 까치밥 남기는 맘
함초롬히 볕 드는 날까지

내가 좋아하는 계절

봄,
나무들 환희의 연둣빛
삼월은 배내옷 입은 아기 같아 벅차고
사월은 백일 된 아기 같아 눈에 삼삼해
오월은 그리움 하늘까지 닿아
유월의 진초록에 어디론가 종종걸음으로
손 놓았던 피아노를 느지막이 다시 배우거나
떨리는 음성으로 시 낭송을 해도 좋겠다

가을,
나무가 툭 툭 옷을 벗어 던지곤
소슬한 바람 찬 서리에도 투정 없는 자존감
난 나무에게서 숙명적 고매함을 느껴
또 '가을 철학'을 경청하면
말과 행동 삼가고 삶이 간결해
군자의 마음조차 배우는 성실한 수강생
삼라만상에 대한 경외심으로 엎드려 경배를

나무의 언어

무더위가 눈치를 보며 슬금슬금 뒷걸음질을
제행무상이나 연속성을 무수히 체험한 나무는
만남과 이별, 생성과 소멸은 뗄 수 없는 하나
세월은 오가고 어디에도 영원한 건 없다고

창백한 이파리는 생명의 아픔, 존재의 숙명
이 세상 모든 삶 아픔 피할 수 없다고
낮추어 얻는 평안이라며 천천히 잎을 내리다가
훌훌 털면 가벼워진다고 파르르파르르 뱅뱅
오르고 또 오르려는 욕심들을 향한 나무의 언어
어느 무용가의 고백 같은 고결한 몸짓
만약 내게 어떤 나무가 되고 싶냐 물으면
웬만한 바람엔 흔들림 없는 잎 큰 활엽수
무성한 여름엔 누구든 쉬어가라 의자 하나 정겨이

어릴 적, 뒷산 가랑잎 바스락거림 귀에 간지럽다
바람 불면 마른 잎 지는 소리 마음 헤집고
한겨울엔 자작나무 울음에 몸을 웅크렸다
나도 고향 풀냄새 갈잎 노래 그리운 어떤 이에게
연못가 오동나무거나 동산 떡갈나무처럼 서걱서걱
혹은 우정의 작은 떨림들 꿈인 듯 들려주고파

세상의 모든 어머니를 위하여

고고하던 연蓮
갈옷 입은 채 널브러지고
고춧대 뽑은 빈 밭
괭이로 돌 고르는 노파
비 오면 오는 대로
복중伏中에도 벌겋게 익은 얼굴
똬리 방석 매달고 풀 뽑던 누군가의 어머니
다부지고 절절切切한 잰 손놀림 몸에 밴 근면성
제발 허리 좀 펴시길 간구하던 길 위에서
오늘은 세상의 모든 어머닐 위해 손 모읍니다
아늑한 대지와 입 맞추는 고요와 평안
밀레의 그림 만종의 여인이 되어
조촐한 일상에 감사하는 겸허함
충만함에도 넘치지 않는 온유
그리워 사랑합니다

아베마리아

먼 산 보다가
유자 빛 햇살 오시거든
살포시 방석 내어 드리고
새 나는 대로 구름 가는 대로
꼼짝 않는 나무라도
오래 바라보기

낮빛 석양 되어 갈 때
나는 누구 어디로 가는지
꼭 한번 물어보기
노을에게

아베마리아 들으며
저녁 명상하는
하루 중 가장 평온한 때
무조건 감사하기

어미 소

장에 가신 아버지 급히 오시고
외양간 앞 서성이는 어머니 주름살
마루 끝에 걸터앉아 본
병풍 같은 초록의 경건함

탄생의 환호 웃음 안도
곧장 일어서 어미젖 빠는 경이
새끼 안 뵈면 온 산에 퍼지던 울음
송아진 잰걸음으로 발랄하게 때론 겅둥겅둥 뛰지
송아지 파는 날 아침부터 큰 눈 껌뻑이며
하늘 향해 꺼이꺼이, 한밤중에도 홀로 애끊는 울음
물도 여물도 먹지 않고 사흘이 지나서야 겨우
쓰윽 한 번 핥고는 고개 돌려 먼 산 보며 또 울지
앞산 중턱도 못 오른 작고 짧아진 음성
어머닌 그렁그렁한 눈으로 곁에 계시고
난 어렴풋이 그 눈물 나는 모성을 알게 되지

겨울날, 아버지 작두로 숭덩숭덩 썬 콩깍지랑
쌀겨 넣어 끓이는 아궁이에 장작불 피면
가마솥에서 나온 김 뽀얗고
좋은 건지 싫은 건지 알 수 없는
쇠죽 냄새 맡으려 난 부엌을 드나들지

운문사 김장하는 날

파리한 머리만큼
시린 손 비벼 만드는
장엄한 칠천 포기 배추
거대한 산 질서정연한 소임
하나 된 인간 띠, 대장정의 결실
말로는 형언 못 해 되레 아파

오늘은 뜨끈뜨끈한 방에서 허리 지지며
끙끙 앓는 신음 누구라도 이해할 테니
스님, 고춧물 든 손 감싸 쥐고
그리우면 그립다 엉엉 우십시오
관세음보살 관세음보살
마을 계신 어머니도 잠 못 드실 밤

언제라도 혹시
제가 운문사에서 공양하게 되면
김치는 아주 작게 한 조각만

김치찌개

어느 초저녁 귀로
코에 닿는 어서 오라는 손짓
본능적으로 빨라진 걸음
코 벌름대며 자석처럼 끌려가는
거부할 수 없는 우리 입맛의 본적
구수하고 매콤한 국물 말캉한 김치
그리워서 먹고 뜸하다 또 찾는
향수병 같은 음식
예부터 지금까지, 앞으로도
식탁 위 정체성과 존재감 잇길
아득한 날, 연탄불이나 석유곤로 위
보글보글 넘치게 끓던 어머니 김치찌개
밥상에 둘러앉은 사랑과 평화
누구랄 것도 없이 송글송글 행복한 포만
사라질까 잊힐까 괜한 조바심이

시詩

어느 여류 시인이 보낸
맑고 따뜻한 시들에서
그녀는 울지 않았으나 책은 젖었고
난 그녀의 결에 선뜻 '고'를 붙였다

'고결'

아파도 아프다 쓰지 않고
슬퍼도 슬프다 하지 않는
절제와 승화
시는 머금은 채 흘리지 않은
오래 품었던 말의 결정結晶들
언어의 정수로 빚은 자화상
고로 쉽게 평가 않을 당위성

제2부

아이에게

아이야,
늘
초록이렴
꿈꾸렴

별들아
꽃들아

언제든
피어나렴
피어오르렴

오 월

백일 된
아가 볼 같은 이파리들
여린 푸름 사이
가만히 서 손 모으네

달큰한 햇살
보드란 바람
내 아린 마음
고스란히 동여매
오랜 날 꺼내보며

물들 테야
꿈꿀 테야
오월일 테야

아들을 위하여

내 삶의 중심엔 아들이 있다
아들의 돌봄만큼 중요한 일은 없기에
이를 거스를만한 일은 가능한 한 삼간다.
이런저런 스트레스 요인을 멀리하고
과업은 오직 한 사람을 성장시키는 일
엄마라는 고유 권한 속 책임과 의무
쾌적한 환경, 건강한 음식, 단정한 용모에
초점을 두고 그 밖의 일들은 스스로 하도록 돕는다
늘 자립이란 목표를 향한 여정이다

나의 안테나는 항상 아들을 향해 있다
물가에 내놓은 아이 같아 늘 마음 쓰여
틈틈이 내가 좋아하는 활동들로 마음을 비운다
주로 시를 쓰고 음악을 듣고 산책을 한다
난 평온한 휴식에서 에너지를 얻기에
혼자만의 시간을 많이 갖는다
그 평안으로 나를 살피고 어디에도 걸림 없이
한 사람을 조명하며 단순하게 살려 한다
나의 정신 건강은 간결함이 시작이다

＊발달장애가 있는 아들은 현재 29세입니다. 지금까지 그리고 앞으로도 제 삶의 첫 번째 이유입니다. 장애인도 사회의 한 구성원입니다. 다름을 인정하고 존중받는 날이 결코 요원하지 않을 거라 믿습니다.

아픔에 대하여

누구도 대신할 수 없는 아픔이지만
왜 하필 나냐고는 하지 않아요
마음처럼 주변을 많이 돌아보지 못함 늘 아쉬워요
내 코가 석 자다 보니 여력이 별로 없어요
잔여 에너지가 있어야 쾌히 아들을 돌볼 수 있거든요
그래서 집 밖의 일들엔 좀 거리를 두는 편이예요
내가 아닌 누구라도 할 수 있기 때문이지요
하지만 부모와 자식은 불가분의 관계잖아요
엄마가 건강해야 하루라도 더 도움 줄 수 있어요
제겐 간과할 수 없는 숙원이자 과업이에요

학령기엔 학교에 갔을 때, 성인이 된 지금은
주간활동서비스기관에 갔을 때
글쓰기 독서 음악감상 산책 등을 해요
이런 활동은 제 마음을 아주 맑고 편안하게 해줘요
제겐 쉼이자 에너지를 충전하는 시간이기도 해요
엄마가 행복해야 아이는 물론 온 가족이 행복해요
모든 인간에게 주어진 행복할 권리 누리시길 바라요

경중이 있을 뿐 아프지 않은 삶이 어디 있겠습니까
부디 힘내시고 웃음 많은 날들이길 손 모아요

*지금도 자녀와 함께 고군분투하실 이 땅의 많은 부모님들께 삼가 심심한 위로와 힘내시라는 말씀 올립니다. 아울러 우리 친구들을 사랑과 정성으로 키워주시고 보살펴 주셔서 대단히 감사합니다.

아버지께

멀리 산다고 찾아뵌 지 오랜데
전화라도 자주 드릴 걸 못내 아파요
입관할 때 하얀 얼굴 차가워 깜짝 놀랐어요
언제나 따뜻하실 줄 알았거든요
온화한 웃음 대신 맑은 소년의 얼굴로 잠드셨어요

아버지! 전 알아요
평생 누구한테 싫은 소리 한번 안 하시고 또 듣지 않으셨음을
저도 어쩜 아버지 닮았나 봐요
사람들은 93세의 생애 중 백내장 수술 말곤
병원 한 번 안 가셨으니 호상好喪이래요
그래서 더 참았는데 집에 와서 펑펑 울었음 고백해요

아버지! 이 가을 참 소슬해요
해 진 저녁 저도 모른 눈가의 물기 옷소매로 훔쳐요
오늘따라 세상은 왜 이리 넓고 허전한지요
바람결에도 아버지처럼 살고픈 맘 스쳐 지나요
아버지! 부모가 된다는 건 아파할 준비가 된 거래요

그런데 칠 남매 키워내신 노고 미처 헤아리지 못했어요
어미 돼서야 안 철없음 용서하세요

아버지! 그곳엔 어머니도 계시니 마음 편히 가질 게요
어머니 아버지처럼 따뜻하게 그리고 강건하게 살게요
아버지! 그동안 참 감사해요 내내 평안하세요

―2015

무화과

말랑말랑한 자줏빛
소녀의 수줍음 같은 연분홍 속내
속살 본 듯 무안하지만
베어 물 때마다 부드럽고 달콤해
치아 없으신 백발의 우리 아버지
맛나게 드셨을 무화과를 왜
진작 알지 못했는지

모든 행동의 근원은 앎
알지 못하곤 수행도 어려워
결국 인생은 넓디넓은 평생 학습장
끊임없이 배우다 죽음이 곧 졸업인 학교
나이를 탓하지 않는 저마다의 수련
삶이란 사람과 사물에 대한 관심으로
다양성을 이해하고 아는 만큼 실천하는 것

＊꽃이 피지 않고 열매를 맺어 무화과라 하지만 사실은 겉의 자줏빛
이 꽃받침이고 붉은 속살이 꽃이래요.

아버지의 잔상

서른 남짓
호젓이 고향 집에 갔을 때
출출하셨는지 부엌에서 홀로
라면 끓여 드시던

낡은 셔츠 뭉긋한 어깨
창문 틈 볕뉘는
왜 그토록 고독한 초로를 조명턴지
범접 못 할 고즈넉한 평화
해는 아스라이
뒤 숲 멧비둘기 처연한 울음
꾸꾸 꾸르륵 꾸꾸 꾸르륵

황홀한 노을에 빛나던 고독
맑디맑은 쓸쓸함
오랫동안 조아리고 우러른
조촐한 아버지의 잔상

감자꽃

쏟아지는 햇살 아래
어머닌 꽃을 보며 한숨지었지
어린 딸에게 말하고 싶지 않은
물 고인 눈으로
먼 동구 밖 내다보셨지
왜 그러시냔 물음에 마지못해 하신 말씀
"감자꽃이 피면 전쟁 난다더라"
"생각만 해도 치가 떨려"

덜컹 내려앉은 가슴
쏜살같이 집으로 뛰어 들어가
달팽이처럼 웅크리고 소원했지
감자꽃 피지 않길
여덟인지 아홉인지 모를
그 여름에

유년의 기억

우리 집 발그레한 복숭아 참 맛났지
복사꽃 흐드러진 무릉도원은 바라만 봐도 가슴 뛰지
나무와 나무 사이 고무줄 엮고 발랄하게
"나의 살던 고향은 꽃피는 산골 복숭아꽃 살구꽃 아기진달래"

앞마당에 멍석 깔고 둘러앉아
할머니 무릎에 누워 초저녁별 세면
부채질하시며 들려주신 해님 달님 이야기
호랑이가 나오기 전 잠들고파 얼른 눈 감았지

어느 해 추석 대목장
종일 기다린 장바구니에 내 옷 없어 울지
어머닌 한 눈 질끈 감으시며
옷 많은데 샀다고 할머니 역정 내실까 봐
고모 집에 두고 오셨다 했지
뛰어 내려가 입어 본 빨간 스웨터와 까만 주름치마
잘 때까지 벗지 않고 싱글벙글하는 내 모습에
할머닌 당신 호사인 양 잇몸 웃음 웃으시지

아카시아꽃 향의 추억

신리 저수지 길 걷다가 코끝에 닿는 알싸함
오종종 매달린 꽃들 짙어 오는 향기
머물고 싶은 기억과 만난 선물 같은 아침
이맘때면 대청마루 뒷문 열고 코 벌름대며
아카시아꽃 향에 얼굴 내밀지
풀과 나무는 나를 온통 초록으로 물들이지
내 맘 빈곤하지 않고 안온한 건 어쩜
고향의 산 들 바람 공기 때문일지 몰라
방학 때 외사촌 언니 오면 단짝이다가
가는 날엔 일찍 다락에 올라 눈물 훔치고
유리창 사이 붉어진 눈 손 흔든 인사
어머니 절구에 찧어 만든 찰떡 꾸러미
손에 들고 차마 바라보지 못하던 윤옥 언니
멀리 황톳길 모퉁이에서 한 번 돌아보았지

＊신리저수지: 창원 북면 신리마을에 있는 호수.

의 자

누군가 기다리는
고독한 의자 되어 보아요
언제 누가 앉을지 모르지만
존재 자체로 의미잖아요
어떤 이는 아픈 다리 위해
어떤 이는 음악과 휴식을
또 어떤 이 책 읽을 테지요
정갈한 곳 한 편
지순한 기다림, 조건 없는 수용
고마움에 꽃 한 송이 올려요
늘 함께했지만 이제야 보는
무겁고 딱딱한 나무 의자의 깊이
관심 없인 아무것도 뵈지 않아요.
세상 모든 일이 그럴 테지요

아름다운 이야기할머니

나를 가장 행복하게 한
"할머니, 보고 싶었어요"
그 흔한 사랑한단 말보다
몇백 배 더 깊은 가슴의 말

이야기를 마치고 인사를 나누면 와서 안기거나
"할머니 가지 마세요" 붙잡기도 하는데
"친구들, 우리 모두의 건강이 더 중요해요"
"오늘은 할머니가 마음으로 안아 줄게요"
"코로나19가 없어지면 그때 많이 안아 줄게요"
"건강하게 잘 지내고 우리 다음 주에 다시 만나요"

아이들 서운할까 봐 한껏 웃으며 얘기하지만
마스크 속 내 웃음이 느껴지기나 할지
왠지 매몰찬 것 같은 미안함에
난 앵두 같은 얼굴들을 바라보지 못해요
거리두기도 슬프지만 그 어린 이들이
종일 마스크를 쓰고 지냄엔 목이 메요

이젠 코로나의 '코' 자도 아프고 싫어
고사리손 배웅 받으며 교실을 나올 때면
어느새 내 안은 촉촉하게 젖어요.

아름다운 이야기할머니 · 2

느지막이 내 인생의 한 부분을
알록달록하게 색칠해 준 꿈같은 날들
"사람은 누구나 만났다 헤어져요"
말은 쉽지만 아이들과 헤어짐은 언제나 힘들다
늘 어둡고 웃음기 없어 맘 아프던 ㅈㅎ이 눈에 밟히고
천방지축이던 ㅁㅅ이 눈에도 물이 고였다
작은 가슴에 사랑이란 씨앗 한 톨 뿌리내리길
소망하며 온 정성을 다했기에 후회는 없다

어떻게 하면 더 자연스러운 작별일까
감정을 다스리며 할머니다운 면모를 생각하다가
나도 그만 어찌할 수 없어 상황중심의 교육철학을 떠올렸다
'어른도 슬픈 땐 운다는 걸 보여줘도 괜찮아'
'눈물을 흘리는 건 부끄러움이 아닌 감정의 표현이야'
'할머니의 눈물은 우리의 헤어짐이 슬픈 거야'
 ················
"친구들, 그동안 할머니 이야기 잘 들어줘서 고마워요"

"아프지 않고 건강하게 크도록 할머니가 늘 기원할게요"
"몸과 마음이 건강한 어른이 되어 꼭 주인 된 삶을 살아요"
"안녕!"

＊5년간의 대장정이 참 빠르게 지났습니다. 2019년부터 2023년까지 5년간 아름다운 이야기할머니 활동을 마치고 졸업했습니다. 초롱초롱한 눈으로 두 귀를 쫑긋 세우던 어린 친구들과 참 행복했습니다. 고맙습니다.

어떤 날

산다는 건 어쩜
고향 집 저녁연기보다
더 쓸쓸한지 몰라

믿었던 사람에게 실망하고
쓸쓸한 맘 달래려 공연히
쭉 뻗은 새 길보다
구불구불한 옛길에서

강아지풀, 빨갛게 익은 고추,
나직이 엉킨 고구마 이랑 보면
마음이 풀처럼 내려앉아

바 다

부표 위 목 긴
고독한 새 한 마리
뛰어오른 물고기 한입에 낚는
가엾던 바닷새의 영민함
보이는 것이 전부 아니다
천적으로부터 자신을 보호하려
찰나의 필사적 탈출에 공중에서 그만
바다에도 뛰는 놈 위 나는 놈 있다
파도 없다고 물결 잔잔하다고
아무 일 없는 게 아니다
죽을힘을 다해야 살아지는
생존곡예, 뭇 생명들 비명
부드러이 은폐한 고요
무심히 보아야 편안하다
결코 무심해야 한다

8시 30분

출근길 어느 회사 앞
수위복 입은 아저씨
아슬아슬하게 차도까지 나와
곧게 서 백 미터 전쯤 응시하다
용맹하고 절도 있는
삶과 죽음의 경계에서 외치는
거수경례 충성!

한 사람은 미끄러져 들어갔지만
남자는 한동안 부동자세
콧물 훔치고 새빨간 귀 감싸며
자리로 들어가는 구부정한 어깨
우리네 부모님들의 목숨 건 헌신
감동과 존경 목젖에 차올라
나직이 우러르는 아버지!

버스 안에서

할머니 등에 진 배낭
뒤로 자빠질 것 같은데
그것도 모자라 네 개의 커다란 짐을
달천계곡 입구에서 실어 주시곤
애증의 미소 짓던 할아버지
소답시장 정류장에서 문이 열리자
세 개는 발로 걷어차 떨어뜨리고
세제 이름 적힌 수레 어렵사리 내려놓고
뱉는 긴 한숨 길 위에 고꾸라져

보자기 사이로
검은 우산, 동그란 의자, 열무가 삐죽
노파는 잠시 하늘 보며 숨을 고르고
목에 건 잿빛 수건으로 연신 땀방울을
어느 누구에게나 소중할 뿐
하찮은 삶은 없음을 확인한
오일장날 버스 안에서

초겨울 아침

24시 편의점 앞
길가에 트럭 세운 아저씨
아이들에게 삼각김밥 사주고
힘겹게 바나나 우유 열어
초등 1년쯤의 아우는 먹기에 바쁜데
고학년의 형은 잔뜩 어깨 움츠리고
먹는 둥 마는 둥 두리번두리번
철듦이 이렇게 아플 줄이야

베개에 눌린 머리
파르르 떠는 셔츠 한 장,
5분도 안 걸린 길 위의 아침 식사
형제가 학교로 향하자 그 남자
부리나케 차에 올라 시동 걸고
엔진은 카랑카랑한 소리로 손을 내밀어

폐지 줍는 할머니의 흰머리 바람에 날리고
벌컥벌컥 숭늉처럼 마신 자판기 종이컵
리어카 위에 내동댕이치며

'이 더럽고 힘든 세상 죽지 못해 살지'
섬약한 노인의 깡마른 얼굴, 퀭한 눈
저만치 겨울이 밭은 기침하며 쫓아와

산다는 것

애처롭지만 침착한
시골 마을 낡은 지붕들
도란도란 이야기
훌쩍훌쩍 우는 소리
모두 다른 사연들로 단단한 성

돌담에 낀 이끼 절구엔 괸 빗물
지붕 위에서도 당당한 강아지풀

삶이란
해 진 저녁 더 그리운
고향 집 같은 것
쓸쓸하지만 고고하게
자신을 지켜 내는 일

우포늪

청량한 고요
포근하고 아늑한 운무

낡은 목선
나직이 젖는 먼 그리움
풀과 나무 한 마리의 곤충과 물고기도
적재적소에서 자리를 빛내는
일류 정원사의 작품보다 훌륭한
군더더기 없는 자연의 질서

아무도 오지 않은 듯
천년토록 고적히
영혼의 뜰로
훌쩍 오셔서 안식하소서
어머니 품인 듯 평안하소서

왜가리의 고독

홀로 논에
사유하듯
누굴 기다리듯
애잔하여 바라보다가
왠지 모를 연민과 동경이

가는 다리 긴 목
퍼드득 비상飛翔 소리
중후하고 우아한 날갯짓
그럼에도 진정 끌리는 건
잿빛 고독한 사유思惟

제 3 부

게발선인장을 보며

창가에 올려놓은 게발선인장에 꽃망울이 맺혔습니다
좁쌀만 한 빨강이 날이 갈수록 조금씩 커집니다
세심한 관찰이 아니면 눈에 잘 보이지 않습니다
이 또한 지나리라는 눈물겨운 인내입니다
그럼에도 불구하고 꽃은 쉽게 피지 않습니다
얼마나 오랜 날을 아파하는지 차마 바라보지 못합니다
엄동설한에 꽃은 처연하기 그지없습니다
인간관계에서도 어떤 일은 게발선인장처럼 오랜
기다림 끝 균형과 조화, 위로와 평안이 찾아옵니다
그렇기에 우리가 조급함 없이 쾌히 살아가나 봅니다
결국엔 평화의 뜰을 비질하는 아름다운 날 오니까요

"남에게 눈물 흘리게 하면 제 눈에 피눈물 난다"

어릴 적 할머니와 부모님께 들었던 말씀입니다
삶의 이치는 뿌린 대로 거두는 종두득두
그리고 바른길로 돌아가는 사필귀정입니다
혹시라도 누군가 아직도 약자 위에 군림하려 한다면
기꺼이 그를 향해 손 모으고 싶습니다

한 사람 한 사람이 우리 사회의 주인이기에
한 사람 한 사람은 누군가의 정서에 영향을 주기에

거리에서

움직이는 그림이다
새내기들이 큼직한 교복 입고 삼삼오오
깔깔대다가 소곤거리다가 또 배를 잡고 깔깔깔
지금 저들의 가슴속은 무슨 색일까
무슨 꿈 들어 있을까

딸아이 중학교 입학하던 날
젖 냄새 묻어난 뽀얀 얼굴
축하했지만 아팠던 마음
이제 고생이 시작되는구나

얘들아, 너무 힘들게 말고
그저 웃을 만큼만
그냥 견딜 만큼만
나의 기도는
저 아이들의 웃음을 지켜주십시오
저 어린 것들의 어깨를 받쳐주십시오
사시로 삼월처럼 푸른 꿈이게 해 주십시오

더 뜨거운 포옹은 없을 거예요

버스를 타고 창밖을 내다봐요
2024년 마지막 일요일 1시를 향해요
끌어안고 어루만지고 얼굴을 부비는 두 사람
얼핏 젊은 친구들인 줄 알았어요
그런데 아니에요 늙은 아버지와 아들이에요
떨어져 사는 아들과 점심을 먹고 헤어지는 중인가 봐요
저토록 가슴 저미는 작별 또 있을지요
아버지는 아들의 얼굴을 만지고 부비며 안아 보아요
오늘이 마지막인 듯 찢어지는 가슴의 소리 들리려 해요
아들은 이미 마음의 준비를 한 것 같아요
두 사람 사이 이런 이별이 처음 아닌 듯
아들은 아버지 손길 닿는 대로 그저 머리를 숙여요
말로만 듣고 글로만 읽어 가늠 안 되던 '애끓는'
부자간이 아니고는 표현될 수 없는 통한의 몸짓들
서로 헤어짐 없이 함께 삶이 최선일 겁니다
하지만 세상일이 어찌 다 마음대로 되겠습니까
이소라의 '바람이 분다' 언뜻 스쳐 지나고
간절함과 간구함이 오래 물결을 이뤄요

등굣길

모 중학교 후문
페트병 두 개 널브러져 납작하고
지각할까 총총 걷는 아이들 군무
친구들과 장난치며 하하 호호
셔츠도 안 잠그고 헐레벌떡

그중 외로이 게시판 십육 절의
빼곡한 글 정독하는 친구
아이들과 웃고 떠들어도 좋을 텐데
수학 과외 광고 앞에서 턱 괸 채
고뇌하는 소년에게

그래, 네 인생은 너의 것이야
많이 아파하고 노력해 성취하렴
그럼에도 종일 떠나지 않는 미안함
벌써 좋은 대학 가기 위해
웃지도 못하고 골몰함 못내 아파

밥 냄새

아침 산책 후 현관에서
어머니가 환생하여 오신 줄
취사 버튼 누르고 다녀와선
구수한 아늑함에 두리번두리번
당신의 영혼이자 육신
이토록 가슴 저미는 냄새 또 있을지
나도 우리 가족을 위해 오래 밥을 짓고 싶다
분명 가슴 냉하거나 허하지 않기에
어머니도 일생을 부엌에서 사셨던 거
밥의 숭고함, 서로 마음 나누며 살라는
식욕을 채우는 단순 그 이상의 의미
가슴과 가슴이 만나 온기를 먹는
우릴 힘나게 할 영원한 힘

배 려

따스하고 깊은 관심으로
그를 이해하는 부단한 노력
애린이 없으면 갖기 힘든 태도

누구나 가슴 지니지만
진정성 없음 어찌 가슴이랴
보이는 것에 치중하고
실수나 잘못 전가하지만
금방 또는 더디게라도
진실은 거짓과 위선을 잠재울 힘

무성하게 자란 무관심의 풀을 뽑고
가만가만 흔들림 없이 피워야 할
사람과 사람 사이 참 아름다운 꽃

불일암

물, 풀, 꽃
평안합니다

텅 빈 충만
작은 것이 주는 편안함
소박함과 단순함의 결정結晶

더워진 가슴 다소곳이
평화의 뜰에 경배하니
살아있는 경전이요, 성전입니다

자비, 관심, 배려, 청빈, 청결

홀로
나무 의자에 앉아 경청합니다

프란치스코 교황님

숨 멎을 듯
가슴까지 파고든
이런 울림 처음입니다

행복했지만
내내 흔들렸습니다.
그래서 묻고 또 물었습니다

경청, 배려, 사랑
경계 없이 가슴에 닿는
위대함 놀랍습니다

번민하지 않고
일곱 번이 아니라
일흔일곱 번이라도
용서하란 말씀 새깁니다

＊2014년 우리나라를 방문하셨을 때 썼습니다.

프란치스코 교황님 · 2

2025년 4월 21일, 교황님의 선종 소식을 접했습니다
하루가 지난 오늘은 하늘도 슬픈 듯 종일 비가 내립니다
멀리 바티칸에도 우산을 쓴 조문객들이 줄을 잇습니다
평생 소외된 약자들을 품에 안은 빈자의 아버지
그 인류애엔 항상 가슴이 뜨거워집니다
2014년 한국에 오셨을 때가 떠오릅니다
세월호 참사로 아들 잃은, 어느 아버지의 손잡아 주신
교황님 자애로운 눈을 저는 잊지 못합니다
순간순간이 큰 울림으로 남아 있습니다
"장식 없이 간소하게 묻어 달라"
"묘비엔 이름만 적어 달라"
마지막까지 저희에게 보배로운 유산을 남겨주셨습니다
교황님의 청빈, 겸손, 검소 그 정신을 기리지 않는다면
아마도 저희는 큰 빚을 지는 거 아닐는지요
교황님, 이젠 평온히 영면하십시오
남은 과제는 전 세계 살아 있는 사람들의 몫입니다
그 온기와 여운 오래 지니겠습니다
손 모아 교황님의 영원한 안식을 기원합니다

딸에게 쓰는 편지

누군가 울거든 왜 우냐고 묻지 마라
의미 없는 눈물 없으니 손잡아 주어라
함께 울면 더 고마운 일이다
새 친구 생겼다고 오랜 친구 멀리 마라
그건 한 사람을 얻고 한 사람을 잃음이다
친구는 오랠수록 좋다고 했다
옛 친구에게도 소개해 서로 좋은 벗 되어라
버스를 타거든 열린 창문 닫으려 마라
누군가 멀미를 하는지도 모르니 잘 살펴라
배려는 더불어 사는 우리들 몫이다
궂은일 하는 분들 정중히 대하고 감사해라
모든 인간은 존귀하나 눈에 띄는 사람만 보인다
보이는 것이 전부 아니니 사람 보는 안목을 높여라
좋은 사람들이라도 떼 지어 다니지 마라
홀로 가거나 한두 명의 길벗이면 족하다
다른 이 존중 않음 성숙한 사람 아니다
쉬운 것 같지만 노력해야만 이루니
항상 새겨 위로도 아래로도 부끄럼 없어라

뿌린 대로 거둠 세상 이치이니 말과 행동 발라
너로 인해 아파하는 이 없도록 해라

지 향

중용과 중도는 무르익어 완성된 인간의 모습이지요
쉽게 체득할 수 없기에 우리는 평생토록 배워요
삶은 어쩜 이 하나를 얻기 위한 수행인지도 몰라요
청렴, 근면, 성실, 정직, 이해, 배려, 애린, 나눔
이처럼 살면 마땅히 참된 삶일 테지요
공익추구, 녹색지구환경, 세계평화를 더하면 금상첨화
실천가가 따로 정해져 있지 않음 축복이에요
우리 모두 얼마든지 함께 참여할 수 있으니까요
수준 높은 의식과 사명감으로 우리의 행복을 지향해요
나만 잘 살기보다 나와 이웃들 함께 잘 살기를 바라요
좀 더 멀리 넓은 시야로 세상을 향해 나아가요

전화번호를 지우며

오래 소식 없는 사람들의 번호를 지워요
나를 기억할 사람, 언젠간 전화해 안부 묻고 싶은 이
어떤 이름은 지울까 말까 망설이고
이 사람은 누구지 한참을 생각하다 또 지워요
단순함에 익숙한 내겐 수북한 휴지통을 비운 느낌
정갈함이 주는 편안이 좋아 사람 사이도
복잡하지 않게 여백을 남겨요
저장된 이름들 중에
된장찌개와 배추김치만으로
설령 맨발에 슬리퍼를 끌고 와도
반가울 이 누군지 자꾸 들여다봐요
지금, 내 이름도 누군가에겐 지워질 테지요

돌봄 교실에서
―작별

"선생님, 저 이제 안 와요"
"왜?"
"전학 가요"
"어디로?"
"진해로요"
가정의 달 5월에 부모님 생각하며 카드를 만들었는데
아이는 작게 나란히 네 명을 그리고 한 사람에겐 x표를
했다.
"선생님, 아빠는 지운 거예요"
"왜 아빠를 지웠어?"
"같이 안 사니까요"
그리고 아이는 엉엉 울었다

며칠 전, 공개수업 때 부르려고 '아빠 힘내세요' 노래할 땐
그렁그렁한 눈으로 나를 쳐다보다가
"선생님, '엄마 힘내세요' 해도 되죠?"
"그렇죠, 해도 됩니다."
아이는 목청껏 "엄마 힘내세요"를 불렀다
그날도 그 후로도 난 아이들과 이 노래를 부르지 않았다

"ㅅㅈ이는 전학 가서도 씩씩하고 바르게 학교생활 잘할 거야"
"선생님은 ㅅㅈ일 믿어"
"그동안 선생님과 친구들 생각 많이 해줘서 고마워"
"친구들, ㅅㅈ이가 전학을 가게 돼서 섭섭하지요?"
"선생님도 많이 슬퍼요"
"ㅅㅈ이가 건강하게 새 학교생활에 잘 적응하길 바라며 간식(도넛)을 하나 더 주고 싶은데 괜찮을까요?"
"네, 좋아요. '사랑하는 친구야' 노래도 불러 줘요"
아이는 하나는 먹고 동생에게 주려는지 하나는 가방에 넣었다
화가가 꿈인 아이는 "선생님, 사랑해요"가 적힌 그림 한 장을 건넸다
그렇게 우리는 작별을 했다

돌봄 교실에서 · 2
―집

초등학교 1학년 이웃 교과
"지금 가장 필요한 물건은?"이라는 물음에
아이는 "집"이라고 쓰고 크게 집을 그렸다
"이유는?"
"집이 없으면 죽을 수도 있으니까"
"집은 있는데 뭐가 또 필요해"
한 친구의 말에 모두 까르르 웃었다

"선생님, 저 2년만 다니고 전학 갈 거예요"
"어디로?"
"그건 아직 몰라요"
"우리 집 있는 데로요"
아이는 어딘지 모를 집을 그리워하고 있다
집, 호흡지간보다 짧은 단어지만
없으면 죽을 수도 있다는 절실함을
아이는 체험했나 보다

아이가 전학 온 후 잠시도 눈을 뗄 수 없다
옆에 또는 앞에 앉은 친구와 눈 깜짝할 사이
싸우기 일쑤, 한순간도 마음을 놓을 수 없다
따뜻하게 가슴으로 말하고 기다려주고 믿어주고
온 마음을 다함이 아이를 변화시킬 부드러운 힘
아이에게 필요한 건 오직 사랑, 사랑만이

제행무상

요지는 '영원한 건 없다'입니다
우주 만물은 한 모습으로 존재하지 않아요
시간이 가는 대로, 세월 흐르는 대로 변화합니다
자연은 물론 사람도 환경에 따라 마음이 바뀌지요
그러니 실망이나 섭섭함 등은 훌훌 털어내야 해요
살다 보면 그런 일 꽤 있지만 집착하면 병이 되잖아요

어차피 인간은 사상과 견해, 가치관이 달라요
각자 주관적이고 자기중심적인 경우가 많지요
자기방어 내지는 자기보호이기도 해요 하지만
더불어 사는 세상에서 서로 다름을 인정함은 마땅해요
기억할 것은 상대에 대한 존중과 배려입니다
가깝다고 아주 편한 사이라고 간과해선 안 돼요
예의와 격식은 나와 타인에 대한 존중이니까요

삶의 방식과 태도는 달라도 마음이 부자여야 해요
실수나 잘못도 아량으로 이해함이지요
조급하지도 서두르지도 않는 여유로움이 우주를 품어요

어쩜 이런 너그러움이 세상을 따뜻하게 하는지도 몰라요
오늘만큼 앞으로 다가올 날들도 소중하지요
미래를 준비하는 이에게 기회는 응원, 성취는 선물이에요

종두득두

'콩 심은데 콩 나고 팥 심은데 팥 난다'는 뜻입니다
뿌린 대로 거둔다는 의미입니다
아주 단순하지만 우주의 이치가 담긴 진리입니다
누구를 탓하거나 노여워할 이유가 없지요
오롯한 내 행위에 대한 결과입니다
오늘은 바로 내가 살아온 날들에 대한 귀결입니다
어제와 그제, 더 오랜 날들에 대한 행적입니다
우리 모두 마음은 건강했는지, 언행은 바람직했는지
존중하고 배려했는지 겸허하게 돌아볼 때입니다

'give and take'
자칫 사람 냄새 안 나고 인정 없다 여길지 몰라도
아무런 계산이 없어도 마음이 먼저 이끌어갑니다
가끔 만나는 이웃이 늘 미소로 인사하면
그 친절이 아름답고 고마워서 가슴이 따뜻해져요
직장에서도 정중한 부탁이나 협조 요청이 아닌
본분을 망각한 무례한 지시가 반복된다면
마음이 먼저 경고등을 켜고 거리를 두지요
상대방에 대한 존중과 배려 없음의 결과입니다

가는 말이 고와야 오는 말도 고운 법입니다
이것이 진정한 주고받기의 원리입니다
뿌린 대로 거둠은 우리 삶의 법칙입니다

참 이유

갑작스런 환호나 승리는 오래가지 못해요
한순간 반짝 빛날 순 있지만 금방 사라지지요
리더가 되기 위해선 오랜 준비 기간이 필요해요
숙성된 술에서 깊은 맛과 향이 나는 것처럼 말이에요
사람들은 눈에 보이는 육체의 건강만을 이야기해요
핵심은 보이지 않는 마음과 생각이에요
강하든 약하든 누구나 자기만의 힘이 있지요.
그 고유성과 허용치를 잘 알아야 해요
섣불리 함부로 사용해선 안 돼요
'함부로'란 부사 뒤엔 늘 파장과 위험이 따라요
실수나 잘못도 아름다운 용서가 허용되는 범주여야 해요
몸과 마음이 동시에 건강해야 하는 참 이유지요

추 억

여고 시절의
빛바랜 사진첩을 들여다본다
흑백사진에 밴
알록달록한 꿈들

친구들
봄비 맞은 나무처럼 물 차 있고
풋풋한 마음들 오월처럼 싱그럽다

설악산 수학여행 가서 색안경 끼고
울산바위 앞에 눕듯이 앉은
순옥이 참 수다스러웠지
소근소근 귀엣말이 정겹던 경숙이
옥분이의 속삭임도 간지럽다

하늘하늘
코스모스 꽃밭에서 웃고 있다
매끄러운 단발머리
흰 블라우스, 검정 치마

전세 사기

요즘 전세 사기에 관한 뉴스를 많이 접해요
살다 보면 다른 사람이 주체인 문제해결이 참 어렵지요
교통사고나 돈을 받는 일이 그럴 거예요
법규를 잘 지키며 안전운전을 해도 내 의지와 상관없이
얼마든지 일이 생길 수 있으니까요
또 빌려준 돈이든 전세보증금이든 받을 사람은 상대의
마음이나 상황이 좋아지기를 바랄 뿐 어찌할 수 없어요.
노심초사하며 긴장의 끈을 놓지 못하지요

남의 불행에 나의 행복을 얹지 말라는 말씀이 있어요.
실제 그런 사람이 있을지도 궁금하지만
나로 인한 상대의 불행을 보며 어떻게 편히 지낼지
세상의 이치를 알기에 간과하지 않아요.
종두득두, 인과응보, 사필귀정 등의 사자성어가 있어도
"다 잘될 거야"라는 긍정의 생각보다
당장의 고뇌와 고통의 무게가 클 것 같아요
특히 이삼십 대의 젊은이에게 피해자가 많다고 해요

"집착하면 빚이지만 경험이라 여기면 자산"이라는 말이 있어요
누구의 말인지는 모르지만 적게라도 힘이 되길 바라요

주남저수지

꽃, 바람 향기 그립거든
잠시 머리 식히려거나
고향 생각나거든 얼른 오셔요

재두루미 자태에 온 맘 앗기고
논병아리 물장구, 쇠오리 앙증맞은 몸짓엔
아이처럼 동동 흉내 내고 싶지요
그런데 참 이상해요 사람도 자연의 일부인데
왜 새들은 가까이 갈수록 멀어질까요
있는 듯 없는 듯 아름답게 동행하면 벗할 테죠
물처럼 풀처럼 흙처럼 말이에요

오월엔 연초록 물그림자 어찌할지요
또 황금 들녘의 고혹을 어찌 바라만 볼지요
나를 위해 깔아놓은 어머니의 공단 이불 같은
황홀은 늘 벅차고 감사해요
가을 향연에 고요가 스며요
살포시 손을 모아요

제4부

봄에 대한 예경

시나브로 조용히 오셨습니다
창문 앞에서 자꾸 봄을 내다봅니다
멀리 감 과수밭엔 벌써 나물 캐는 여인 앉아 있습니다
화분에 내린 햇살은 어쩜 이리 따사한지요
삶을 가늠 못 한 히아신스 뿌리에서 초록이 돋아납니다
하루에도 몇 번씩 그 신비한 생명체를 들여다봅니다

산책길 소나무 위에선 참새들이 간지럽게 합창을 합니다
누구의 소리인지 알 수 없는 아름다운 하모니
새들도 마냥 좋은가 봅니다
새들은 가까이 갈수록 포르릉대다가 제가
나무 밑에 왔을 땐 아무 소리도 내지 않았습니다
새들이 날아갈까 봐 까치발로 걸었습니다
힘든 날갯짓 대신 믿고 기다려준 새들에게 예경합니다

걸음을 옮겨 들로 나가 봅니다
도랑에 졸졸 봄물 흐르는 소리 귀에 감기고
논두렁엔 눈곱 같은 풀꽃이 지천입니다
땅에 붙은 듯 낮은 꽃들은 어릴 적

밤하늘의 별들보다 더 촘촘히 피었습니다
얼어붙은 땅속에서도 숨 쉬었음을 다닥다닥 붙은
연둣빛 이파리와 새파란 꽃으로 증명합니다
사는 동안 작은 생명들 밟지 않길 소망합니다

온 대지가 꿈틀거리며 숨을 쉽니다
덩달아 제 가슴도 뜁니다
머잖아 봄빛에 탈 자운영 꽃불 어찌 볼는지요
뭇 생명을 잉태하거나 탄생시키고도 고요한
봄의 경이驚異를 사무치게 예경합니다

복수초

한 생명이 자신의 온기로
언 땅과 눈을 녹이고 피어나니
실로 기적 같은 자연의 신비
얼마나 안간힘 쓰면 가는 뿌리로
꽁꽁 언 대지와 쌓인 눈 녹일까
새봄, 출산의 고통에 버금가는
새 생명의 첫울음이자 웃음
온기는 참으로 위대해
절망에도 꽃 피우고 살 힘 얻으니
담담한 가슴이면
어렵고 두려운 일 없으려니
어떤 투정이나 미움도 없으려니
위대함의 시작은 온화함이려니
지금은 숨죽여 바라볼 때
숙명적 우리 꽃과의 관계

고 향

꿈틀꿈틀 봄 오고
풀 냄새 번진 향 그런 들길
고무신에 물 떠 구멍에 부으면
왕관 같은 뿔 달고 위엄 있게 나왔지
종일 손에 쥐고 논 쇠똥벌레

개울에서 바지 걷어 올리고 맨발로
돌멩이 살짝 들면 꼼짝 않던 가재
새우와 송사린 요리조리 빠지지
모래알조차 보이는 순수純水
까르르 까르르 물결 같은 웃음들

길옆 소담한 찔레꽃
윙윙 벌들의 잔치, 잠자듯 고요한 나비
꽃향기 맡으며 자분자분 황톳길 걸으면
평온한 우리 집 저녁연기 머리 풀 무렵
노곤히 벗어 놓는 댓돌 위 신발
풀물 든 갈래머리 소녀 지금 어디

고향 · 2

대여섯 살 무렵
도토리 주우러 산에 가는
고모와 어머니 따라간다 떼쓰고
뱀 물리니 오지 말라시던
울퉁불퉁 좁다란 산길
늘 웃음으로 추억했는데
개발이란 이름의 무한 공허 길
내 유년을 돌려달라고
발버둥 치며 소리 내 울고 싶었지

황석어젓에 태양초 고추로 버무린
어머니 맛깔난 김치 삼삼한데
그림 같던 고향은 오간 데 없이
다단한 길과 정처 없는 건물들
마음 둘 곳 없는 낯선 풍경 사이로
영원한 건 없단 진리만이 나를
텅 빈 가슴에 부는 황량한 바람
참 쓸쓸했지

모 과

못난이 인형처럼
편안하고 은근한 향
겉모습이 전부 아니라고
항변하는 매력덩어리
무심히 들었던
휴식 같은 사람이란
살짝 기대어도 좋을
안락의자 같은 이
오랜만에도 설지 않아
고상한 인사말보다
웃으며 손부터 잡는
옛 친구들 생각

봄 날

새순 돋아나고
산수유 눈 뜨면
손끝 가시처럼 콕콕
딱 꼬집어 말할 수 없어

춘추벚나무 꽃눈처럼
클림트의 그림처럼
왠지 모를 슬픔
소복이

어디선가 들려오는
안개 낀 금요일 오후 같은
적우의 음성으로 듣는
꿈꾸는 카사비앙카

산수유

배시시
실눈 뜨고
빼꼼 내민 얼굴

비 내리면
웃을 테지
몽실몽실
노오란
좁쌀들의 꿈

산벚꽃

엷은 꽃잎에 묻은
먼 그리움
기다림에 지친 숙녀
호리호리한 가지 작고 성근 꽃
오지 않을 사람 기다리는 눈 같아

그리움은
헛헛한 길에 놓인
슬프거나 아름다운 기억
그리워 피었다가
그리움에 지고 마는
애달픈 산벚꽃

매 화

죽은 듯 섰던 나무가
살아 있음 증명하듯 하얗게
소리 없는 폭죽 터뜨려
아, 탄성 지르고
어쩜 흔들림도 없냐고
심술궂게 대들고 싶은데
동상 걸린 뿌리의 신음과
통풍에 떠는 온 가지의
파리한 아픔 보아요
역경에 굴하지 않는 꽃들 보며
극기 훈련한 양 마음 다잡는데
아프지 않고 피는 꽃 없다고
나도 여린 꽃잎이라며 매화
얼어붙은 눈물로 말해요

목련화 연가

너의 빛깔은 비에 씻긴 유리창에 쏟아진 산양 우유
너의 빛깔은 햇볕 한 번 안 본 백일 된 아가 얼굴
너의 빛깔은 저녁밥 짓는 울 엄니가 쏟아내는 쌀뜨물
너의 빛깔은 봉긋하게 피어오른 흰 연꽃
너의 빛깔은 만지면 터질 것 같은 하얀 물풍선
너의 빛깔은 한 번도 쓰지 않은 크레파스의 흰색
너의 빛깔은 건치 모델들의 웃음에서 본 하얀 이
너의 빛깔은 방금 나온 아직도 따뜻한 흰 도화지
너의 빛깔은 모락모락 군침 도는 김 배인 호빵
너의 빛깔은 폴짝폴짝 징검다리 건너는 아이들 마음

자운영꽃

들에 핀 자운영꽃
마음 밭에 옮겨 심고
종일 행복했습니다

불모산은 초록으로 꿈틀거리고
마음엔 졸졸졸 냇물 흐릅니다

너무 아픈 사랑은
사랑이 아니라지만
여린 새싹들 나뭇가지 새순들
온통 아픈 사랑입니다

벚꽃 엔딩

바람결 꽃잎들의 퍼포먼스
오프닝엔 파르르 떨며 나부끼다가
이대로 가기 싫단 행위예술 같은 몸부림
그물에 걸리지 않으려는 멸치 떼의 생존 훈련
꼬리 긴 인어의 단독 공연엔 압도적 민첩성
흉내 내고픈 매력 동작 따라하지 못할 독창성
섭리에 순응하는 의연함 꽃보다 아름다워
우아함 뒤 추한 여느 봄꽃과 다른 발랄함
짧은 만남 긴 여운 즐거운 안녕!

꽃 날

진해가 몽롱하다
대낮에도 달빛이 하얗다
축제가 시작되는 날 삼삼오오
화사하거나 경건한 옷차림은
자아 존중감일까 경외심일까
해마다 이맘때면 인간의 영역 너머
자연의 섭리 그 신비함에 대한 동경
꽃은 안온하고 발랄하게 함박웃음
사람들은 한껏 들뜰 만도 한데
꽃 지는 생각 사물거려 자박자박
멀리 안민고개 벚나무의 위용
개선행진곡 울려 퍼질 것 같은
하늘 닿는 기개와 눈부심
절정에서 소멸을 보는
허무와 애잔함 아련한 꽃날

민들레

따사로운 봄볕
사랑 없인 뵈지 않는 꽃
사노라면 별일 다 있으니
아파 말라 위로해요
아스팔트 틈새에서 기어이
때론 내 나약함 부끄러워
못 본 체도 하지만
어떤 고난도 견딜 힘 생겨요
아프게 바라보고
한 번 더 가슴으로
낮고 작은 생명의 위대함
우러러 밟지 않길 소망해요

자운영꽃 · 2

봄 피는 들길
여울지는 도랑물 소리
도도하게 앉은
연지 찍은 새색시
작고 여린 생명들
애틋해 오래 볼 수 없는 건
소멸이라는 자연의 섭리

자목련

훗날 우리 집 마당에 한 그루 심었으면
있는 듯 없는 듯 봄 향에 주섬주섬 옷 입는 여인
꽃 피기 전 콧대 높은 숙녀 꽃 핀 후 고고한 귀부인
다가갈 수 없는 도도함 숨소리도 내지 않고 흠모하리
때론 저고리 풀고 헤프게 웃어도 나란히 풀밭에 앉아
다리 쭉 펴고 도란도란 세상 얘기하고픈 맘 좋은 그녀와

자목련처럼 낮게
자목련처럼 너그럽게
자목련처럼 편안하게

꿈
―순수

한때
나의 꿈은
철들지 않은 어른
순수함이 좋아서

꿈 · 2
— 어머니

연못가 보리수나무 옆
양지바른 곳에 나란히 앉아
어머닌 자꾸 바람에 날리는
내 머리칼을 쓸어주셔요
차라리 깨지 말걸
가신 지 20년이 넘도록
딱 두 번 꿈에 오셔

어린아이처럼 발버둥 친 갈애渴愛*
허탈감 달랠 길 없고
차마 잊을까 주섬주섬
종이 위에 얼굴 소묘
그래요, 사랑 많은 나의 어머니
꿈이어도 좋으니 또 오셔요
언제라도 좋으니 제발

*갈애: 매우 좋아하고 사랑함.

꿈 · 3
―드림하우스

아지랑이 오수에 졸고
무성한 그늘 밑 벤치 하나
찬바람 불면 도토리 떨어지고
겨울엔 가랑잎 바스락거리는 소리

지붕은 빨갛게 기와 얹어
뒤뜰 긴 빨랫줄엔 옷가지 펄럭이고
마당엔 황금빛 햇살 부서지는 아담한
아이들 웃음소리 메아리로 들리는

어느 봄날 우리 집 가는 길
도란도란 민들레 피고 지면
반쯤 열린 대문 안 올망졸망
채송화 웃음으로 맞아 줄

겨울 편지

눈이 오려나 봐요
머리에 닿을 듯 낮은 하늘에
열두 개의 줄을 그어요

일월, 꿈으로 행복해요
이월, 잠자던 생명들 꿈틀대는 소리
삼월, 언 땅 비집고 솟는 파릇한 새싹들
사월, 여린 이파리 오래 바라봐요
오월, 초록이 참 예뻐요
유월, 무성한 나뭇잎 싱그러워요
칠월, 새소리처럼 쏟아지는 아이들 소리
팔월, 바다엔 사람도 많지요
구월, 가을님은 아직도 낯선 손님
시월, 단풍은 고운데 쓸쓸해요
십일월, 하얀 얼음 가루 뒤집어쓴 풀들
십이월, 나목 위 남은 한 잎 어쩌면 좋아요